SILVIA MOREAU

LA LEGGE D'ATTRAZIONE NELLE RELAZIONI

Come Attrarre il Partner Ideale e Amici Sinceri grazie alla Legge d'Attrazione

Titolo

"LA LEGGE D'ATTRAZIONE NELLE RELAZIONI"

Autore

Silvia Moreau

Editore

Bruno Editore

Sito internet

http://www.brunoeditore.it

Sommario

Introduzione

Se hai acquistato questo corso significa che in qualche modo hai già cominciato la tua ricerca, la ricerca di qualcuno di speciale, il partner ideale, l'anima gemella, o forse la ricerca di nuovi amici, o semplicemente di un modo per migliorare una relazione già esistente. La Legge d'Attrazione può essere di grande aiuto in questo settore della vita. Dopo una breve spiegazione su che cosa sia la Legge dell'Attrazione vedremo come applicarla concretamente nel settore specifico delle relazioni affettive.

Una volta apprese e messe in pratica le tecniche che ti spiegherò sarai in grado di attrarre e di instaurare relazioni e, in genere, rapporti affettivi del tutto soddisfacenti con le persone ideali per te. Con questo non sto dicendo che basta leggere il libro per operare dei "miracoli" e per ottenere risultati senza muovere un dito. Sarà sicuramente necessario un certo impegno da parte tua per attrarre nella tua vita l'anima gemella o gli amici ideali.

Anche mettendoci tutto l'impegno possibile, inoltre, la manifestazione del tuo desiderio potrebbe non avvenire così velocemente come vorresti, ma non preoccuparti tutto avverrà al momento giusto e perfetto. Gli esercizi e le visualizzazioni che ti spiegherò ti aiuteranno in questo percorso, quindi leggi le pagine che seguono con attenzione perché ci troverai tutti gli ingredienti necessari per rendere manifesta la relazione ideale.

Io personalmente ho utilizzato queste tecniche per cambiare in meglio il mio giro di amicizie, dopo che quelle "storiche", per vari motivi, non mi sembravano più adatte a me e al mio modo di essere e devo dire che per me, ha funzionato perfettamente. Durante tutta l'infanzia e l'adolescenza sono sempre stata una persona profondamente timida e insicura, con molte difficoltà a socializzare, molto chiusa e riservata e per questo legata a quelle pochissime amiche risalenti ai tempi dell'asilo, ma assolutamente in difficoltà quando si trattava di avere a che fare con persone appena conosciute. Adesso sono una persona completamente diversa, estroversa, brillante, che non incontra più nessuna difficoltà nell'instaurare rapporti con persone nuove, oserei dire in molti casi l'anima della compagnia e, naturalmente, ho ampliato e rinnovato completamente il mio giro di amicizie, migliorando la relazione con le amiche di sempre e attirando nella mia vita nuove persone, una più bella dell'altra.

Visti gli ottimi risultati ottenuti ho poi deciso di consigliare il metodo utilizzato da me a tutte quelle persone che, personalmente o tramite il mio sito, mi chiedevano consigli per attrarre l'anima gemella e, anche in questo caso, ho avuto dei riscontri molto positivi. La Legge d'Attrazione è veramente molto potente e la straordinaria bellezza di questo percorso sta nel fatto che non solo ti porterà a migliorare tutto ciò che riguarda il settore delle relazioni interpersonali, ma sarà anche un'occasione importantissima di crescita, di trasformazione, che ti farà migliorare in generale come persona.

CAPITOLO 1:
Che cos'è la Legge d'Attrazione

La Legge d'Attrazione

Tutti gli esseri viventi sono governati da varie leggi naturali e la Legge d'Attrazione è una di queste. Il concetto teorico che sta alla base della Legge d'Attrazione è quello per cui l'energia attrae altra energia simile. Tutto nell'Universo è energia, anche noi. Tutto quello che possiamo vedere è energia. Se tu potessi osservare, ad esempio, una mano con un microscopio abbastanza potente, ti renderesti conto che non è così solida come sembra, ma è costituita da tanti piccolissimi atomi. Questi atomi non sono entità statiche, ma sono in costante movimento. Ogni essere umano emana costantemente energia nell'Universo; il tipo di energia irradiato da ognuno dipende principalmente dallo stato emozionale dell'individuo stesso e può cambiare in modo sostanziale da un giorno all'altro o, addirittura, in certi casi da un minuto all'altro!

Questa energia emanata da ogni essere umano è quello che più comunemente chiamiamo "vibrazione". È molto probabile che questo termine ti suoni in qualche modo familiare. Hai mai avuto modo di frequentare qualcuno così felice che sembrava irradiare intorno a sé una luce che ispirava gioia in tutte le persone nei paraggi? Allo stesso modo, hai mai passato del tempo con qualcuno così nervoso e infelice, che emanava delle vibrazioni negative così intense, che sembrava letteralmente risucchiare la felicità e la gioia di vivere da chiunque gli si avvicini? Non è necessario essere dei sensitivi per captare le vibrazioni emesse dalle varie persone; si tratta di un tipo di energia molto reale e riguarda tutti, in ogni luogo e in ogni tempo, nessuno escluso.

È anche molto probabile che la persona che sta emanando vibrazioni negative non lo faccia consapevolmente, così come non vorrebbe trasmettere la propria infelicità a tutte le persone circostanti solo per il fatto di essere lì presente (sì ci sono delle eccezioni alla regola, purtroppo). Si dice che l'infelicità ami la compagnia e ci sono persone che provano una grande soddisfazione nell'infliggere le proprie sofferenze al loro prossimo. È importante capire che, spesso, non viene fatto con la volontà precisa e deliberata di provocare dolore al prossimo, ma solo per non sentirsi soli e abbandonati nella propria infelicità. Ci sono svariate emozioni che portano a emanare vibrazioni positive o negative, ed è importante, prima di continuare a parlare di Legge d'Attrazione, capire quali siano.

Vibrazioni positive

Le vibrazioni positive sono generate da emozioni allo stesso modo positive, ad esempio:

- gioia;
- amore;
- eccitazione;
- abbondanza (di qualsiasi cosa che ti faccia piacere);
- orgoglio;
- comfort;
- fiducia;
- affetto.

Vibrazioni negative

Le vibrazioni negative sono, invece, provocate da emozioni negative, ad esempio:

- mancanza (di qualsiasi cosa che sia necessaria o un bene di lusso);
- tristezza;
- confusione;
- stress;
- rabbia;
- disappunto;
- solitudine;
- dolore.

SEGRETO n. 1: l'energia attrae energia simile. Tutto nell'Universo è energia e ogni essere umano emana energia sotto forma di vibrazioni, la cui qualità dipende dallo stato emozionale dell'individuo.

La relazione fra le vibrazioni e la Legge d'Attrazione

Come dicevamo, il principio fondamentale alla base della Legge d'Attrazione è che l'energia attrae altra energia simile. Questo significa che, se una persona emana vibrazioni positive tenderà ad attrarre a sé situazioni, eventi e persone positive, mentre se emana vibrazioni negative tenderà ad attrarre situazioni, eventi e persone negative. Potremmo dire, usando una metafora, che ogni individuo è una sorta di "magnete vivente".

Sicuramente hai già avuto occasione di vedere questo principio operare in pratica. Hai mai conosciuto qualcuno sempre di buonumore e positivo che sembra così fortunato tanto da non sembrare vero? Dall'altro lato sicuramente avrai avuto modo di conoscere persone che amano solo lamentarsi di tutto e di tutti, che guardano solo il lato negativo di ogni cosa, che tutte le volte che le incontri sembrano avere sempre un nuovo motivo per lamentarsi ulteriormente e alle quali va sempre tutto per il verso sbagliato. Questi esempi ti mostrano come ogni persona attragga a sé la risultante dell'energia e delle vibrazioni che emana. In definitiva ognuno di noi attrae ciò cui dedica attenzione ed energia, che lo voglia o meno.

Se, ad esempio, provi continuamente sentimenti di disperazione e tristezza perché ancora sei solo e non hai un partner, le vibrazioni che stai emanando faranno si che tu attragga eventi, esperienze e persone che vibrano a una frequenza simile; è probabile che ti si presentino altri motivi per cui essere triste o per i quali sentirti solo e abbandonato. Se, al contrario, per la maggior parte del tempo ti senti bene con te stesso e sprizzi gioia di vivere da tutti i pori, le vibrazioni che emani attrarranno a te mille altre ragioni per sentirti felice e pieno di gioia. Così come la legge di gravità è sempre in funzione, anche la Legge d'Attrazione lavora sempre, che ne siamo consapevoli o meno.

È importante precisare che i pensieri sono veramente potenti solo quando sono accompagnati dalle emozioni. Questo è decisamente un bene dato che ogni giorno formuliamo migliaia di pensieri diversi, ma la maggior parte di essi sono molto effimeri, solo passeggeri e non contengono nessun tipo di carica emozionale. I pensieri dei quali è assolutamente bene essere consapevoli sono quelli ai quali associamo delle forti emozioni.

Se, ad esempio, sei veramente molto triste e sconfortato riguardo alla tua situazione sentimentale e queste emozioni negative ti accompagnano costantemente nella vita di ogni giorno, è molto probabile che tu emani vibrazioni che ti faranno attrarre molti altri motivi di preoccupazione dal punto di vista sentimentale. Se, però, un giorno ti capita di vedere un cane al parco mentre sta giocando con il suo padrone, può anche darsi che per un momento ti passi per la mente il pensiero di quanto sarebbe bello avere un cane, ma presto viene dimenticato. Se il pensiero di avere un cane non ti provoca forti emozioni, allora quel pensiero non avrà abbastanza energia e non emanerai nell'Universo nessuna forte vibrazione.

È bene chiarire che l'Universo non porta problemi perché pensa che una determinata persona sia cattiva o perché in qualche modo la giudica in modo negativo. In questo processo non è coinvolto nessun tipo di giudizio. La Legge di Attrazione opera in modo molto oggettivo, non giudica i pensieri, ma risponde solo alle vibrazioni che ognuno emana.

Non distingue le vibrazioni "buone" da quelle "cattive", ma fa sì che vengano attratte vibrazioni sulla stessa frequenza. È un concetto molto importante da capire. Se stai male, stai emanando nell'Universo vibrazioni che riflettono questo stato d'animo, e la Legge d'Attrazione agisce per farti avere quello che tu le fai capire di volere, in questo caso altri motivi per cui stare male. Se, ad esempio, pensi continuamente e con tristezza e stress al fatto che non hai amici veri, la vibrazione che emani nell'Universo corrisponde al desiderio di avere ancora meno amici e quindi manifesterai eventi come, ad esempio, una persona che ti abbandona, un amico che ti tradisce o una grande difficoltà nel socializzare con le altre persone.

Paragoniamo questa ultima situazione a quella di una persona che invece si sente sempre felice e che si aspetta sempre il meglio da ogni cosa o situazione; è molto probabile che sia veramente così perché è quello che sta attraendo tramite le vibrazioni che emana nell'Universo. Mi capita spesso di vedere come in amore, nei periodi di solitudine, nei quali tutto sembra completamente bloccato, non si riesca nemmeno a fare qualche semplice conoscenza, mentre in quelli in cui siamo impegnati con qualcuno, le nuove conoscenze e i pretendenti e corteggiatori sembrino letteralmente comparire così dal nulla.

Secondo me non si tratta di altro che della Legge d'Attrazione in funzione; le persone che stanno vivendo una storia hanno fiducia in loro stessi, nelle loro qualità e pregi, si sentono belli, amati, corteggiati, e hanno piena e incondizionata fiducia nella loro capacità di attrarre persone del sesso opposto. Queste convinzioni si riflettono nelle vibrazioni che questi emanano nell'Universo con il risultato che altri corteggiatori si manifestano nelle loro vite.

Tutto quello che abbiamo ottenuto nella vita fino a questo momento lo abbiamo attratto noi, anche se si tratta di relazioni sbagliate, problemi di salute o economici. Perfino i vestiti che indossiamo o la macchina che guidiamo sono stati attratti dai nostri pensieri, consapevolmente o no. A prima vista quello che sto affermando ora potrebbe sembrare alquanto frustrante o, addirittura, potrebbe anche farti arrabbiare e risentire, ma in realtà riflettendo un attimo riuscirai sicuramente a renderti conto che, al contrario, è molto potenziante.

Perché? Così come ognuno di noi ha attratto cose che non desiderava nella propria vita, adesso che conosciamo la Legge d'Attrazione e il suo funzionamento, possiamo cambiare e cominciare a utilizzarla per attrarre deliberatamente quello che vogliamo!

SEGRETO n. 2: ogni individuo è un "magnete vivente", se emana vibrazioni positive tenderà ad attrarre a sé situazioni, eventi e persone positive, mentre se emana vibrazioni negative tenderà ad attrarre situazioni, eventi e persone negative.

La responsabilità è solo tua!

Sicuramente dopo aver letto i paragrafi precedenti ti verrà da chiederti: «Che tipo di vibrazioni ho emanato nell'Universo fino ad ora?» È molto facile rispondere a questa domanda: semplicemente, guardati intorno! Il lavoro che fai, la macchina che guidi, la casa in cui abiti e le varie persone con cui hai a che fare giorno dopo giorno, tutto è il risultato di quello che hai emanato a livello di vibrazioni. Non è quello che volevi? Significa, quindi, che hai emanato vibrazioni tali da attrarre tutte queste cose non desiderate o, quantomeno, non idonee ad attrarre ciò che al contrario veramente vuoi. In definitiva, dando attenzione alle cose non volute, caricandole dell'energia delle emozioni, inconsapevolmente le hai attratte nella tua vita. Con tutta probabilità alcune aree della tua vita vanno meglio rispetto ad altre, il che significa che le vibrazioni che hai emanato in queste aree sono state più positive rispetto alle altre.

Ma allora tutto questo significa che tutto ciò che di negativo è accaduto è stato perché a livello inconscio volevi che fosse così? Non necessariamente. Ti spiego meglio: come abbiamo visto prima, la Legge d'Attrazione non distingue fra ciò che è buono e ciò che è cattivo.

Ma, se focalizzi troppo l'attenzione su qualcosa che non desideri che accada, ad esempio una rottura con il partner o una rivale, finisci per emanare delle vibrazioni che equivalgono a un ordine all'Universo di manifestare nel tuo mondo fisico proprio quelle cose, indipendentemente dal fatto che tu le voglia o meno. Possiamo dire che sono state attratte inconsapevolmente o, in altri termini, di default.

So che non è per niente facile ammettere di essere gli unici e soli responsabili di aver creato tutto quello che fa parte delle nostre vite, nel bene e nel male. Molte persone trovano estremamente difficile accettare questa affermazione, del resto viviamo in una società nella quale è usuale riversare su circostanze esterne la responsabilità di ogni situazione. Ma, come accennavamo prima, una volta accettato di assumersi tutta la responsabilità, è possibile compiere il passo successivo che consiste nel cambiare le vibrazioni emanate nell'Universo in modo da attrarre solo quello che vogliamo.

SEGRETO n. 3: tutto ciò che fa parte della nostra vita lo abbiamo attratto noi, molto spesso inconsapevolmente o per "default" e per cambiare dobbiamo prima di tutto accettare di assumercene la responsabilità.

I tre passi per utilizzare consapevolmente la Legge dell'Attrazione

Prima di entrare nello specifico e cioè come utilizzare la Legge d'Attrazione nel campo delle relazioni affettive, vediamo di capire a grandi linee quali sono i passi necessari per un utilizzo consapevole di questa legge, in modo da attrarre ciò che realmente vogliamo e non per "default".

Il primo passo consiste semplicemente nel chiedere quello che vuoi! Purtroppo non è così semplice come potrebbe sembrare a prima vista. Molte persone non hanno assolutamente le idee chiare su quello che vogliono! Per capire quello che veramente vuoi dalla vita il mio consiglio è di cominciare dall'identificare ciò che non vuoi, per poi "convertirlo" in quello che in realtà desideri ottenere. Se sei solo dal punto di vista sentimentale, quello che non vuoi è questa situazione di solitudine. Capovolto al positivo il desiderio potrebbe quindi essere quello di trovare la persona giusta con cui instaurare una relazione soddisfacente.

Una volta stabilito quello che desideri veramente, il passo successivo consiste nello scriverlo sotto la forma di un'affermazione. Leggere l'affermazione almeno due volte al giorno aiuterà a fissare stabilmente l'obiettivo a livello della mente inconscia. Le affermazioni devono, però, essere scritte correttamente, altrimenti non danno risultati. Non preoccuparti, una volta capito come, è tutto molto semplice!

Nel film *The Secret*, gli autori consigliano di premettere ad ogni frase le parole: «Sono così felice e grato che...» ed è sicuramente un'ottima idea. Per quanto riguarda, invece, il proseguimento della frase deve consistere fondamentalmente in una descrizione del desiderio come se fosse già realizzato. La frase deve essere formulata al tempo presente, ad esempio: «Io sono...», «Io ho...»,

«Io guido...», mentre devono essere evitate frasi del tipo: «Io sarò...» o «Io avrò...» . È molto importante formulare le frasi al tempo presente in modo che tu possa emanare vibrazioni in sintonia con il fatto di aver già realizzato quello che vorresti e che, a loro volta, fanno sì che tu lo attragga nella tua esistenza.

Facciamo alcuni esempi: se vuoi una relazione sentimentale soddisfacente, puoi utilizzare un affermazione del tipo: «Sono così felice e grata di amare ed essere a mia volta amata dalla mia anima gemella».

Semplice vero? Adesso però complichiamo leggermente le cose. Perché le affermazioni che abbiamo appena formulato siano più potenti è necessario aggiungere più dettagli possibile, dettagli e descrizioni tali da farti sentire bene ed emozionato nel momento in cui li leggi. Abbiamo visto, infatti, che la Legge dell'Attrazione non è attivata solo dai pensieri, ma soprattutto dall'energia delle emozioni che vi si accompagnano. Più riesci a provare sentimenti di benessere ed eccitazione per la realizzazione dei tuoi desideri, più ogni pensiero che emani nell'Universo sarà carico di emozioni e quindi più potente sarà la vibrazione emanata.

Riprendiamo gli esempi precedenti: la frase: «Sono così felice e grata di amare ed essere a mia volta amata dalla mia anima gemella» può diventare: «Sono così felice e grata di amare ed essere a mia volta amata dalla mia anima gemella. La nostra relazione è pienamente soddisfacente, fondata su un profondo rispetto reciproco, piena di gioia, passione e amore. Sono felice, protetta e al sicuro».

Più entri nel dettaglio, e vedremo nel prossimo capitolo come farlo, meglio è, in quanto leggere le affermazioni ti farà sentire così eccitato, con le farfalle nello stomaco, in definitiva ti farà stare bene! Se non provi sensazioni positive, è probabile che tu debba riconsiderare il fatto che quello che stai chiedendo sia veramente un tuo desiderio o meno.

Una volta scritte le intenzioni, puoi decidere di scriverle al computer e poi stamparle su carta, o puoi semplicemente scriverle a mano. Leggile almeno ogni mattina e ogni sera prima di addormentarti e mentre le leggi immagina come ti sentiresti se le cose che stai chiedendo fossero già realizzate. Devi cercare di evocare le sensazioni che proveresti se i tuoi desideri fossero stati già esauditi e cercare di mantenere questi sentimenti il più a lungo possibile. Si tratta di una cosa di importanza fondamentale in quanto sono le emozioni che potenziano i pensieri.

Cerca di coinvolgere tutti i cinque sensi. Più vividamente riesci a immaginare il tuo desiderio realizzato, più eccitazione proverai e più carichi dal punto di vista emozionale saranno i tuoi pensieri. Mentre provi tutte queste belle sensazioni esprimi gratitudine nei confronti dell'Universo per averti fatto questi doni (anche se al momento ancora non li hai, ma nell'assoluta certezza che sono sulla loro strada verso di te). Lasciati invadere completamente da questi sentimenti e sensazioni e cerca di mantenerli più a lungo possibile.

All'inizio è normale che tu provi una certa difficoltà nel fare questo esercizio, soprattutto è possibile che tu non riesca a mantenere le sensazioni positive per più di pochi secondi, ma con la pratica diventerà sempre più facile e acquisirai la capacità di mantenere lo stato d'animo per diversi minuti. Naturalmente, più a lungo riesci a mantenerli, più potente sarà la vibrazione che stai inviando nell'Universo e più veloce sarà la manifestazione fisica dei tuoi desideri. Alcune persone trovano più pratico ed efficace scrivere i propri intenti su dei piccoli cartoncini, come delle carte, che possono portare con sé durante tutta la giornata, in modo da poterle leggere non solo la mattina e la sera, ma più volte durante il giorno.

Veniamo, adesso, al secondo passo da compiere; credere e avere assoluta fiducia che quello che è stato chiesto si manifesterà. Anche in questo caso sembra a prima vista molto semplice, ma questo potrebbe essere il passo più difficile di tutti. Il motivo principale per cui non hai ancora tutto quello che desideri è, infatti, che a livello inconscio credi di non meritarti determinate cose o che sia impossibile per te ottenerle.

Anche se leggi con costanza le intenzioni e sul momento emani energia del tutto positiva, se dentro di te, nel profondo del tuo essere, sei convinto di non meritartele o che non succederanno mai, inconsapevolmente le stai respingendo invece di attrarle. Il problema è che siamo troppo abituati a stare male. Ci sono molte più persone di quanto si potrebbe pensare che vivono la loro esistenza in uno stato che si avvicina molto alla depressione vera e propria, come se sentirsi così fosse la perfetta normalità. Forse non fai altro che imbarcarti in una relazione sbagliata dopo l'altra e ti senti sempre più solo e triste. Vedi i tuoi amici felicemente sposati o fidanzati e ti senti sempre più depresso nel passare i fine settimana da solo. Non credi assolutamente che per te sarà mai possibile avere di più, dopotutto sei convinto di non avere nemmeno le qualità per poter avere una relazione d'amore, quindi sei già sicuro che anche nel futuro continuerai ad essere solo.

Pensando in questo modo ti stai letteralmente tagliando fuori da ogni possibilità di benessere che potrebbe presentarsi. Emani nell'Universo delle vibrazioni così cariche di negatività che non fanno altro che attrarre altri partner sbagliati e relazioni non adatte a te, allontanando la felicità sentimentale. L'idea di pensare positivo e di focalizzare l'attenzione sull'abbondanza piuttosto che sulla scarsità, potrebbe sembrarti letteralmente assurda. Dopotutto, com'è possibile sentirsi bene e positivi quando il partner ti ha appena abbandonato magari lasciandoti anche in difficoltà economiche? Cambiare completamente modo di pensare non è facile ma, con un minimo di pratica e costanza, si può fare e ti accorgerai che i risultati valgono decisamente la pena. È un po' come imparare a guidare la macchina, durante le prime lezioni di scuola guida sembra tutto così complicato, come se non ce la potessi mai fare. Ma dopo qualche settimana o mese ti accorgi, come per magia, che stai compiendo tutte le azioni necessarie per guidare in modo quasi automatico. Si tratta solo di prendersi il tempo necessario, di fare pratica e di avere tanta pazienza!

Il terzo passo nell'uso consapevole della Legge d'Attrazione consiste nel lasciare andare e permettere ai desideri espressi di manifestarsi. Prima di tutto è opportuno fare una piccola precisazione. Molte persone credono che la Legge dell'Attrazione funzioni come una sorta di magia. Chiedono ad esempio 100.000 euro, o qualsiasi altra cosa, e poi si mettono ad aspettare che cada da cielo senza fare nulla.

La Legge d'Attrazione non funziona così! La Legge d'Attrazione opera soprattutto stimolandoti e assistendoti nell'agire in un determinato modo che, alla fine, porterà alla manifestazione di quello che hai chiesto; se il tuo desiderio è di attrarre la tua anima gemella, ti sentirai naturalmente ispirato, ad esempio, ad adottare delle abitudini diverse che ti permettono di conoscere gente nuova, a curare di più il tuo aspetto, a frequentare un determinato corso, a fare un viaggio ecc. Sarà necessario, quindi, intraprendere un qualche tipo di azione per ricevere quello che desideri, ma si tratterà di azione ispirata e scoprirai che sarà come se tutti gli ostacoli che potrebbero intralciarti la strada fossero scomparsi prima del tuo passaggio. Se hai una qualche sorta di intuizione che sembra provenire dal profondo di te stesso fai in modo di agire in quel senso, perché potrebbe essere il modo in cui l'Universo sta manifestando quello che gli hai chiesto.

Un altro consiglio è di non formulare i tuoi intenti partendo da sentimenti di disperazione, ansia e paura. Se ad esempio sei stato appena lasciato dal partner, mentre leggi l'intenzione, c'è il rischio che tu cominci a sentirti triste e che tu provi ansia per la probabilità di rimanere solo anche in futuro. Con l'attenzione focalizzata su questo e provando emozioni di questo tipo, con tutta probabilità attrarrai altri partner e relazioni sbagliate.

È necessario un certo distacco nel leggere i propri intenti. Non provare emozioni negative perché ancora non hai ottenuto quello che vuoi e non hai la più pallida idea di come sarà possibile realizzarlo. Il "come" è un compito dell'Universo, non tuo. Tu devi solo avere fiducia che i tuoi desideri sono in via di manifestazione e che quindi non c'è nessun motivo per cui preoccuparsi. In pratica si tratta di immaginare di ricevere quello che si è chiesto, provare l'emozione di averlo, esserne entusiasti, provare gratitudine per la realizzazione dei vari desideri, senza lasciare nessuno spazio ai sentimenti negativi dovuti al fatto di non averli ancora e ai dubbi riguardo al come si realizzeranno. In quest'ultima frase in realtà è condensato in poche parole tutto quello che c'è da fare per usare la Legge d'Attrazione a proprio vantaggio!

SEGRETO n. 4: i tre passi fondamentali per un utilizzo consapevole della Legge d'Attrazione sono: chiedere, avere fiducia, lasciare andare e permettere al desiderio di realizzarsi.

RIEPILOGO DEL CAPITOLO 1:

- SEGRETO n. 1: L'energia attrae energia simile. Tutto nell'Universo è energia e ogni essere umano emana energia sotto forma di vibrazioni, la cui qualità dipende dallo stato emozionale dell'individuo.
- SEGRETO n. 2: Ogni individuo è un "magnete vivente", se emana vibrazioni positive, tenderà ad attrarre a sé situazioni, eventi e persone positive, mentre se emana vibrazioni negative tenderà ad attrarre situazioni, eventi e persone negative.
- SEGRETO n. 3: Tutto ciò che fa parte della nostra vita lo abbiamo attratto noi, molto spesso inconsapevolmente o per "default" e per cambiare dobbiamo prima di tutto accettare di assumercene la responsabilità.
- SEGRETO n. 4: I tre passi fondamentali per un utilizzo consapevole della Legge d'Attrazione sono: chiedere, avere fiducia, lasciare andare e permettere al desiderio di realizzarsi.

CAPITOLO 2: Come utilizzare la Legge d'Attrazione per attrarre la relazione ideale

Come definire le caratteristiche della propria persona ideale

Abbiamo visto nel capitolo precedente che il primo passo per un utilizzo consapevole della Legge d'Attrazione consiste nel definire esattamente quello che si vuole. È necessario, quindi, definire con esattezza le caratteristiche che dovrà avere la persona che desideriamo manifestare.

In definitiva è importante definirne una solida immagine a livello mentale. Nel prosieguo del paragrafo mi riferirò a come definire le caratteristiche del partner ideale, ma le stesse indicazioni valgono, con gli opportuni adattamenti, anche se quello che si desidera attrarre sono nuove amicizie. Prima di tutto quando parlo di immagine non mi riferisco solo ad una immagine "fisica", ma a tutte le qualità che la persona giusta dovrebbe avere nel suo complesso. In effetti, non c'è quasi bisogno di dire che la persona che vogliamo al nostro fianco ci debba attrarre fisicamente, è naturale. Il problema è che la persona giusta potrebbe essere anche completamente diversa da quella che hai immaginato dal punto di vista fisico e, averne in mente un'immagine troppo precisa e dettagliata, comporta il rischio di lasciarla passare inosservata o comunque di andare in confusione inutilmente.

Bisogna anche considerare il fatto che la vera bellezza è un qualcosa che viene da dentro. Ti sarà capitato sicuramente di conoscere persone molto attraenti dal punto di vista fisico, ma che, con il progredire della conoscenza, hanno cominciato a sembrarti sempre più sgradevoli. Allo stesso modo, hai mai avuto occasione di conoscere qualcuno che a prima vista non ti è piaciuto ma, conoscendolo meglio, ha cominciato a sembrarti sempre più affascinante?

Si tratta in sostanza di una bellezza interiore, che brilla dall'interno e si riflette nell'immagine esteriore di ognuno. Comincia, quindi, a stilare una lista di tutte le caratteristiche che dovrà avere la persona giusta per te. È affettuoso? Gentile? Deciso? Romantico? Desidera mantenere i suoi spazi? È un tipo ottimista? O magari un po' insicuro? Brillante? Di intelligenza nella media? Ama i bambini? Predilige la famiglia o è più interessato alla carriera? Ama viaggiare? Ballare? O è più un "pantofolaio"? Di che orientamento religioso è? Da importanza alle amicizie? È protettivo nei tuoi confronti? Geloso? Ha senso dell'umorismo? E potrei andare avanti ancora per molto.

Naturalmente prenditi tutto il tempo necessario per fare la lista e pensare bene a tutti i vari aspetti che ritieni importanti. Una volta completata questa prima lista, comincia a pensare a tutte le cose che vorresti fare insieme al tuo partner. Che hobby ti piacerebbe avere in comune e praticare insieme? Cosa ti piacerebbe fare durante i giorni di festa e le ferie? Se desideri avere dei bambini puoi considerare anche loro nella varie attività. Come saranno i vostri appuntamenti? E l'intimità? Se vuoi prendi pure ispirazione da quello che osservi guardando i tuoi amici già in coppia, o dal rapporto fra i tuoi genitori, o da libri letti e film che hai visto e che ti hanno colpito in modo particolare.

Trai ispirazione da qualsiasi cosa ti emozioni e che, in definitiva, ti piace e ti consiglio di prendere nota, di volta in volta, dei vari eventi che ti colpiscono in qualche modo, così da poterli utilizzare poi più tardi per gli esercizi. Comincia a notare le emozioni che emergono mentre stai pianificando le caratteristiche del tuo partner ideale e della vita che trascorrerai con lui o lei. Potrebbero essere sentimenti di calore, calma e fiducia, ma anche una sensazione di eccitazione o, a volte, di ansia. Ti avverto che potrebbe succedere, specialmente all'inizio, di provare una sensazione di tristezza e di sentirti solo e abbandonato. Cerca, per quanto possibile, di non dare spazio a quest'ultimo tipo di emozione, dato che non sono assolutamente di aiuto per il percorso che stai affrontando.

Se, comunque, proprio non riesci a non provarle continua con gli esercizi del capitolo successivo che ti aiuteranno sicuramente a sentirti meglio e a migliorare il tuo stato emozionale. Cominciamo adesso la seconda parte della pianificazione, facendo una lista delle caratteristiche del "te stesso ideale". Elenca le qualità che vorresti avere, i pregi che desideri sviluppare ulteriormente e trova dei sostituti per quegli aspetti di te che vorresti eliminare. Non includere nell'elenco le caratteristiche negative che credi di avere, ma sostituiscile sempre con un corrispondente positivo. In questo esercizio devi cercare di non provare nessun tipo di imbarazzo, ma, al contrario, devi essere sincero con te stesso al 100%, senza nessun tipo di timidezza. Questa lista del "te stesso ideale" con tutta probabilità costituirà una pietra miliare nel tuo percorso di crescita personale. Con altrettanta probabilità, alla fine di questo percorso che ti accingi a intraprendere, avrai acquisito quelle caratteristiche che al momento desidereresti avere. Tutto questo perché tutte quelle qualità che vorresti facessero parte del tuo modo di essere in realtà sono già parte di te, del tuo vero io. La tua vera essenza è un essere perfetto che però, spesso, rimane nascosto dall'essere umano pieno di imperfezioni nel quale tendi a identificarti. Questo percorso di amore permetterà, fra le altre cose, alla tua vera essenza di emergere e vedrai sparire quegli aspetti di te che non ami fino a diventare sempre più simile all'immagine ideale di te stesso.

Se ti consideri non abbastanza bello, allegro, intelligente, interessante, ricco, l'unica cosa che puoi aspettarti con il trascorrere del tempo è un'accentuazione di queste caratteristiche sgradevoli, naturalmente se decidi di non apportare dei cambiamenti. In genere, nel momento in cui sarai pronto a incontrare la tua anima gemella, amerai moltissimo, invece, il modo in cui sei diventato. Naturalmente se già ami te stesso almeno un po' parti avvantaggiato e con tutta probabilità il tuo percorso sarà più veloce. Qualsiasi siano i problemi che puoi avere con te stesso, aspettati di doverci lavorare sopra, con tutta la delicatezza possibile, ma comunque in modo costante. Ti troverai faccia a faccia con i tuoi limiti e difetti e uscirai sicuramente vittorioso dal confronto.

Nel percorso che ti porterà a incontrare la persona dei tuoi sogni, molto probabilmente ti troverai a fronteggiare delle situazioni spiacevoli.

Potrebbe trattarsi di avere a che fare improvvisamente con parti di te che non ami, o della sensazione bruttissima di fare del male a qualcun altro perché ti rendi conto che quella relazione non fa più al caso tuo. In ogni caso si tratterà di dolori che ti faranno crescere. Ogni passo lungo il percorso ti renderà una persona migliore e ti porterà sempre più vicino a diventare il te stesso ideale che hai sempre desiderato essere. L'esempio che ho fatto prima è abbastanza sciocco in confronto alle varie situazioni spiacevoli nelle quali potresti imbatterti, ma è comunque una dimostrazione lampante di come anche le esperienze più brutte e dolorose possano portare con sé nuova forza e fiducia in se stessi. Adesso hai una mappa del tuo percorso di crescita personale e un'idea abbastanza chiara di quello che stai cercando nella persona che desideri attrarre nella tua vita.

La lista che hai appena fatto potrai usarla più avanti per misurare i tuoi progressi. Nella frenesia della vita di tutti i giorni è facile perdere di vista l'obiettivo generale che però, gradualmente, si sta avvicinando e per questo è una buona idea avere qualcosa da riguardare a distanza di tempo per rendersi conto dei progressi fatti. Dopo una settimana, un mese o addirittura un anno potresti credere di non aver fatto nessun passo avanti, ma se riguardi l'elenco ti renderai conto che, invece, molti degli obiettivi che avevi posto si sono già realizzati, e questo ti aiuterà senza dubbio a mantenere la fiducia nell'intero processo di crescita che stai portando avanti.

Nel prossimo capitolo lavoreremo per approfondire le caratteristiche che desideri abbia la persona per te, facendo in modo di integrarle in alcuni esercizi che ti aiuteranno a emanare nell'Universo i giusti segnali per attrarla nella tua esistenza.

SEGRETO n. 5: il primo passo consiste nel definire il più dettagliatamente possibile le caratteristiche, non solo fisiche, che dovrà avere la nostra persona ideale. È importante inoltre definire le caratteristiche che vogliamo sviluppare e migliorare in noi stessi.

Gli esercizi pratici

Ed eccoci arrivati alla parte pratica, agli esercizi da praticare per mettere in moto il processo di manifestazione della persona ideale. Alcuni degli esercizi che ti proporrò saranno proprio questo, nient'altro che esercizi, da fare nel tempo che ogni giorno ti dovresti ritagliare. Altri invece non saranno esercizi nel vero senso del termine, ma più delle abitudini da integrare nella vita di ogni giorno, quindi molto più spontanei, da fare ogni volta che ti senti ispirato e che ne hai voglia, soprattutto in base al tuo stato emotivo che ti dirà il momento più giusto e adatto a farli.

Entrambi i tipi di esercizio sono utili e importanti ma se, sinceramente, in base alla mia esperienza ti dovessi dire quale dei due ritengo più efficace, direi sicuramente il secondo tipo. Questi esercizi spontanei e dettati dalle emozioni sono sempre stati i miei preferiti, e le prime volte li praticavo quasi senza nemmeno rendermi conto di quello che stavo facendo, ma ne ho apprezzato a pieno l'efficacia quando ho cominciato a vedere i primi risultati.

Ad ogni modo gli esercizi più "formali" forniscono la base agli esercizi "spontanei" e, specialmente all'inizio, sono i più adatti a dare avvio al processo di manifestazione affidando il proprio intento all'Universo. Cominciamo quindi da questi. Cerca di trovare un po' di tempo da dedicare loro, meglio giornalmente, ma se non puoi va bene anche ogni due/tre giorni. Cerca comunque di praticare gli esercizi con una certa regolarità e, se è possibile, programmali nell'ambito della tua routine giornaliera.

Se non riesci a programmarli non importa, qualsiasi momento è buono per farli, ma cerca di trovare il tempo. Di solito questi esercizi più "formali" vengono praticati per qualche mese, il più spesso possibile. Il momento per smettere lo sentirai, quando a un certo punto al solo pensiero di farli sentirai una sensazione di noia e stanchezza, quasi fastidio. Questo sarà il segnale che è arrivato il momento di andare oltre e cominciare con l'altro tipo di esercizi che abbiamo chiamato "spontanei".

Le affermazioni

Abbiamo già visto nel primo capitolo come sia importante definire il proprio intento, scriverlo sotto forma di affermazione, e poi leggerlo per almeno due volte al giorno. Vediamo adesso qualche piccola precisazione. Le intenzioni devono essere sempre formulate in positivo, in termini di ciò che vuoi e non di ciò che non vuoi.

Se ad esempio dichiari: «Sono così felice e grato di non essere più solo» l'attenzione sarà focalizzata sul fatto di essere solo. Come abbiamo visto la Legge d'Attrazione non ha la possibilità di capire il significato delle parole e del "non", ma il suo linguaggio è costituito dalle emozioni e un intento formulato in questo modo fa si che la tua mente sia focalizzata sulla solitudine, con il risultato di attrarne altra ancora! L'intenzione dovrebbe allora essere formulata in questo modo: «Sono così felice e grato di vivere una bellissima relazione con la mia anima gemella». Quelli che abbiamo appena visto sono errori dei quali è abbastanza facile accorgersi e di conseguenza correggere, mentre altri non sono proprio così scontati. Se ad esempio hai dichiarato un'intenzione come: «Sono così felice e grata di aver rotto una relazione per me sbagliata» potrebbe a prima vista sembrare formulata correttamente al positivo, ma anche in questo caso l'attenzione viene focalizzata sulla relazione sbagliata e alla fine ti porterebbe a manifestarne ancora un'altra! Una migliore formulazione per questi ultimi desideri potrebbe essere: «Sono così felice e grato adesso di aver conosciuto la persona giusta per me».

Presta, inoltre, attenzione alle parole che usi nel formulare l'intenzione. Mi è stato raccontato di una persona che voleva manifestare una macchina nuova e che, quindi, scrisse una lunga e accurata descrizione del modello che voleva e delle caratteristiche che questo avrebbe avuto, ma formulò l'intenzione dicendo: «Sono così felice e grato di guidare una...». Alcuni mesi dopo gli venne offerta una nuova auto aziendale che era esattamente quella che aveva chiesto, ma che non era di sua proprietà, la stava solo guidando, proprio come aveva scritto a suo tempo.

Probabilmente sarebbe stato meglio formulare l'intenzione utilizzando la parola «Io ho» o «Io possiedo». Riguarda quindi gli intenti che hai formulato alla luce di queste ultime considerazioni.

La visualizzazione

La visualizzazione consiste nell'immaginare qualcosa, nel nostro caso la persona ideale, come se facesse già parte della nostra vita e del nostro mondo fisico. Ognuno di noi visualizza spontaneamente in una certa misura: se, ad esempio, stai leggendo un racconto d'amore appassionante, ti potrebbe capitare di immaginare alcune scene come se tu le stessi vivendo realmente e, probabilmente, a livello mentale ti sarai fatto un'idea dell'aspetto dei vari personaggi. Può esserti capitato di sognare a occhi aperti la vacanza appena prenotata e probabilmente ti immagini perfettamente di camminare sula spiaggia e sentire il rumore del mare.

Per mettere in atto questa tecnica devi prima di tutto formarti una immagine mentale di ciò che desideri, e per questo dovrai riprendere la lista delle caratteristiche del partner ideale che hai fatto prima che, come ti dicevo, è la base per tutti gli esercizi successivi. Dovresti essere in grado di vedere ogni minimo dettaglio della tua persona ideale con gli occhi della mente. Ricordando quello che hai scritto sulla lista immagina, ad esempio, di tenergli la mano, di coccolarlo o magari di ballare insieme. Immagina la sensazione di calore che ti dà la vicinanza del partner e lascia che questo calore pieno di amore si espanda in ogni fibra del tuo corpo. Immagina di abbracciarlo e la sensazione che ti dà stare fra le braccia del tuo amato. Immagina in tutti i minimi particolari il vostro appuntamento più romantico, le vostre passeggiate insieme. Fai in modo che intere scene si proiettino nella tua mente come se fosse un film e, nello stesso tempo, lascia che quella bella sensazione di calore si espanda ancora di più in tutto il tuo corpo.

Nello stesso modo, se stai cercando di attrarre nuove amicizie, immagina sempre con dovizia di particolari tutte le cose che vorresti fare insieme a loro, le cene, le serate in discoteca, le chiacchierate. E cerca di provare la sensazione di sicurezza e appagamento che dà il sapere di avere al proprio fianco degli amici sinceri e fidati. Attenzione che la semplice visualizzazione non basta per manifestare tramite la Legge dell'Attrazione. La Legge dell'Attrazione non si attiva, infatti, in conseguenza della sola visualizzazione, ma risponde alle vibrazioni emanate in base alle emozioni che provi durante la visualizzazione stessa. In sostanza il "trucco" consiste nel visualizzare sì, ma provando tutte le emozioni legate alla realizzazione del desiderio!

Mentre visualizzi cerca di coinvolgere tutti i sensi; senti il profumo della persona amata, la sua voce, la sensazione piacevole di una carezza, l'emozione di un bacio, la sensazione della tua mano nella sua. Più dettagli riesci a immaginare, più eccitato ed emozionato dovresti sentirti. Immagina come ti sentiresti se la persona giusta per te fosse già al tuo fianco: come saresti felice! Cerca di mantenere questo stato d'animo il più a lungo possibile dato che è proprio in questo momento che stai emanando nell'Universo le vibrazioni che consentiranno la realizzazione del tuo desiderio.

Attenzione, non cominciare a chiederti come farai a ottenere quello che stai chiedendo e non permettere al dubbio di farsi strada, perché altrimenti la respingerai invece di attrarla. Semplicemente visualizzati come se tu avessi già ottenuto quello che vuoi e prova le emozioni a esso collegate. Naturalmente più pratichi la visualizzazione più facile diventa, soprattutto per quanto riguarda il provare le emozioni come se il desiderio fosse già realizzato.

La "Vision Board"

Che cos'è la *Vision Board*? Si tratta, in sostanza, di una raccolta di immagini, frasi, fotografie riguardanti ciò che si vuole manifestare, di solito incollate su un cartoncino di grandezza adeguata. La Vision Board è uno strumento molto potente per usare la Legge d'Attrazione a proprio vantaggio. Deve essere posizionata in un luogo ben in vista e che avrai occasione di guardare spesso, come, ad esempio, accanto al monitor del computer, in camera o in cucina. Alcune persone preferiscono avere più di una Vision Board, ognuna per ogni luogo nel quale trascorrono del tempo, ad esempio una per casa ed una per l'ufficio.

Ogni giorno, almeno una volta, dovresti passare alcuni minuti guardando le immagini, provando nello stesso tempo le emozioni positive che proveresti se quelle cose facessero già parte della tua vita. Come per la visualizzazione, le emozioni sono la parte più importante dell'esercizio. Le immagini sono degli strumenti per evocarle e per facilitare la visualizzazione del desiderio come se si fosse già manifestato, quindi non serve praticamente a nulla limitarsi a guardare la Vision Board senza provare nulla.

Che immagini utilizzare per fare la Vision Board?

Pensa a quello che vorresti manifestare: la tua anima gemella, nuove amicizie, un miglioramento dei tuoi rapporti sociali, e cerca delle immagini che li rappresentino. Puoi cercare delle foto di persone che dal punto di vista fisico hanno le caratteristiche che vorresti in un partner, delle foto di coppie innamorate che si abbracciano, che si baciano, che si tengono per mano, che passeggiano, foto di feste, cene, eventi, concerti, foto di luoghi romantici o anche immagini astratte che comunque ti evochino emozioni di amore o che per te rappresentino in qualche modo l'idea di amicizia.

Se ti capita di leggere una frase o una poesia che ti ispira in modo particolare, o che ti fa stare bene, scrivila sulla Vision Board. Se ti dovesse capitare di non riuscire a trovare l'immagine esatta di quello che vuoi prova a disegnarla, non farti scoraggiare dal pensiero di non saper disegnare!

Ognuna delle immagini che usi deve avere un significato e deve farti sentire felice ed emozionato per la realizzazione del tuo intento. Naturalmente la Vision Board può comprendere immagini relative anche ad altri desideri, in altre aree della vita, ed è un qualcosa in continua evoluzione; una volta che un desiderio è realizzato va aggiornata, o potresti anche renderti conto che non vuoi più una determinata cosa. E, naturalmente, puoi sempre aggiungere nuovi desideri. Se hai bisogno di vedere alcuni esempi di Vision Board create da altri, basta che tu cerchi su Google Images le parole "Vision Boards" e sicuramente troverai la giusta ispirazione per fare la tua.

Vision Books

Un'alternativa alla Vision Board classica sono i cosiddetti "Vision Books", ovvero delle Vision Board di dimensioni ridotte, particolarmente comodi se non vuoi che gli altri le vedano. Puoi utilizzare cartoncini di piccole dimensioni o anche un quaderno, magari di quelli con le pagine di carta più spessa. Date le dimensioni puoi portarli sempre con te e guardarli più volte durante il giorno.

La sceneggiatura

La tecnica della sceneggiatura è una delle più potenti per utilizzare consapevolmente la Legge d'Attrazione e, personalmente, la mia preferita. Consiste essenzialmente nello scrivere una determinata esperienza che vuoi vivere, nel modo esatto in cui desideri che accada. È proprio come se tu scrivessi la sceneggiatura della tua vita. Nel momento in cui scrivi, la tua attenzione è completamente focalizzata sul desiderio che vuoi realizzare e questo dovrebbe provocarti emozione e un senso di eccitamento; così facendo, emanerai nell'Universo delle vibrazioni che faranno sì che ciò che vuoi si manifesti nel tuo mondo fisico.

Compra un bel quaderno, uno che ti piace e dove trovi piacevole scrivere e, se vuoi, anche una bella penna con cui scrivi bene. Scrivere su quel quaderno dovrebbe essere un momento assolutamente speciale e piacevole. Pensa al tuo desiderio e scrivilo il più dettagliatamente possibile. Crea proprio la sceneggiatura della situazione ideale. Ad esempio: «*Mi sveglio insieme al mio amore. Siamo abbracciati, ci baciamo e ci coccoliamo un po' sotto le coperte e facciamo l'amore. Dopo ancora qualche altra tenerezza decidiamo di alzarci. Facciamo colazione insieme parlando piacevolmente della giornata che ci aspetta e di cosa faremo. Decidiamo di andare a fare una gita al mare e partiamo. Passiamo una bellissima giornata, parlando, ridendo, scherzando e scambiandoci ancora tenerezze e gesti affettuosi. Lui è molto galante e protettivo nei miei confronti. Mi fa sentire sempre amata e al sicuro. La sera decidiamo di tornare nella nostra casa. Mi piace preparare la cena e cucinare per lui, mentre lui apparecchia la tavola. Ceniamo in un'atmosfera serena, distesa, parlando, scambiandoci idee e impressioni. Ci rilassiamo poi sul divano guardando un film abbracciati…*».

Un altro esempio: «*Esco con il mio gruppo di amici. Ci troviamo al solito posto per decidere che cosa fare. Ci mettiamo seduti al tavolino e intanto decidiamo di prendere un drink, che ci beviamo ridendo e scherzando tutti insieme in allegria e spensieratezza. Dopo un po' decidiamo di andare a ballare. Ci dividiamo in due macchine e partiamo. Naturalmente chi guida non beve. Passiamo la serata ballando e divertendoci tantissimo, fino a quando non torniamo a casa stanchi ma felici di aver passato del tempo insieme ed appagati ognuno della compagnia dell'altro*».

Naturalmente quelli sopra sono solo due esempi molto banali per farti capire come scrivere la sceneggiatura. All'inizio ti sembrerà un po' strano fare questo esercizio, specialmente se non hai l'abitudine di scrivere molto, ma provaci, del resto nessun altro all'infuori di te dovrà vedere quello che hai scritto. Dovrebbe diventare sempre più facile con la pratica.

Usa il quaderno per descrivere nel dettaglio come si svolgerà quel determinato evento e che risultati avrai, esattamente quello che desideri. Se, ad esempio, si tratta di un appuntamento con il tuo partner appena conosciuto potresti descrivere la sensazione di eccitazione mentre ti prepari per uscire, la gioia di parlare e di stare insieme che proverai durante l'incontro e l'emozione di un bacio al momento del saluto. Potresti anche descrivere l'emozione che hai provato al momento in cui ti ha telefonato per chiederti di vedervi, o la gioia di leggere nel suo sguardo passione e attrazione verso di te, il calore che ti dà il suo abbraccio e così via.

Se stai descrivendo un incontro con gli amici, puoi descrivere la sensazione di spensieratezza che provi quando sei con loro, il senso di sicurezza che ti dà confidarti con le amiche più care, il calore delle loro parole di conforto nei momenti di bisogno, la leggerezza di certe conversazioni.

Qualsiasi cosa tu descriva cerca di essere il più dettagliato possibile; immagina vividamente la scena nel momento in cui la scrivi coinvolgendo tutti i cinque sensi in modo da descrivere le sensazioni tattili, i suoni, gli odori e tutto ciò che vedi. Ogni volta che la rileggi dovresti sentire un piacevole senso di eccitazione e di anticipazione dell'evento.

Leggi quello che hai scritto con regolarità e, mentre lo fai, immergiti nelle emozioni e sensazioni che ti suscita. In definitiva la tecnica della sceneggiatura è una forma di *visualizzazione*. Come dicevo, questa è la mia tecnica preferita e mi piace acquistare di volta in volta dei bei quaderni. Li scelgo con cura, mi deve piacere la copertina, i colori, la qualità della carta ecc. Sul quaderno scrivo le mie intenzioni e le mie sceneggiature. Se mi capita di trovare delle immagini relative al mio obiettivo le incollo sul quaderno. Mi piace in modo particolare perché così ho tutto quello che mi serve riunito in un unico posto e il quaderno lo posso portare con me senza problemi. Lo tratto con una certa riverenza e rispetto, come un qualcosa di prezioso e in effetti lo è.

Fai questi esercizi il più spesso possibile, per quanti giorni, settimane, mesi desideri. Quando ti accorgi che stai perdendo interesse nel farli, o che comunque non ti senti più di farli, smetti. Sicuramente nei momenti in cui hai praticato, la tua intenzione è stata affidata all'Universo carica di emozioni. Il tuo desiderio nel frattempo si sarà rafforzato sempre di più. A questo punto comincia a integrare gli esercizi più "spontanei" nella tua vita di ogni giorno e lascia stare quelli "formali", fermo restando che se tu sentissi l'esigenza di farli ancora, lo puoi fare tranquillamente senza nessun problema.

Gli esercizi spontanei

Passiamo adesso agli esercizi che abbiamo definito "spontanei". Se sei single o, comunque, non hai una grande vita sociale molto probabilmente hai un po' di tempo a tua disposizione, specialmente nei fine settimana o la sera magari dopo il lavoro, cerca quindi di sfruttare questo tempo libero a tuo vantaggio, per migliorare la situazione. Sono esercizi che vengono meglio, infatti, quando hai un po’ di tempo a tua disposizione, come potrebbe essere di mattina durante un week-end o la sera prima di dormire.

Prima di tutto, quando ti senti sereno e rilassato, concediti di fantasticare un po’ sul tuo partner ideale e sulla relazione che vuoi manifestare. Immagina una scena, un appuntamento o qualsiasi esperienza ti viene in mente, cercando di andare più nel dettaglio possibile. Spesso mi capitava di andare sul letto e di cominciare a sognare ad occhi aperti per ore la mia relazione ideale, immaginando di tenere per mano il mio partner, di uscire con lui, di scambiarci tenerezze ecc. Se le tue fantasie dovessero coinvolgere anche il lato sessuale della relazione non crearti nessun problema e dai spazio anche a queste. L’energia legata all’orgasmo è molto potente, carica di emozione e ti aiuterà quindi a manifestare il tuo intento più velocemente.

Un altro esercizio da fare la sera a letto prima di dormire, consiste nell’ immaginare di addormentarsi abbracciata al partner. Cerca di immaginare e provare le sensazioni delle braccia del tuo partner intorno a te o, comunque, del contatto con il suo corpo, proprio mentre stai prendendo sonno, in modo da addormentarti con una sensazione di calore, di tenerezza e amore.

Questo esercizio farà sì, inoltre, che la manifestazione del tuo desiderio avvenga anche attraverso il sonno, dato che l'energia che ti accompagna nel momento in cui prendi sonno guiderà i tuoi sogni e, per chi si dedica a tali pratiche, anche le esperienze fuori dal corpo.

Comincia, inoltre, a integrare il tuo desiderio nella vita di tutti i giorni. Se, ad esempio, stai guidando da sola, intrattieni una conversazione con il partner che stai manifestando. Lascia che la voce del tuo amato ti parli mentre guidi. Puoi intavolare una discussione seria e profonda, ma anche una conversazione divertente e un po' "sciocca" o scambiarvi semplicemente delle frasi e delle parole tenere e dolci. Più lasci spazio alla tua immaginazione, alle tue fantasie anche quelle più sfrenate, più la manifestazione del tuo desiderio si caricherà di energia.

Mentre stai guardando la televisione, immagina di avere il tuo partner accanto a te sul divano, che magari ti abbraccia o ti tiene la mano, o semplicemente apprezza la sensazione della sua presenza vicino a te. Mentre fai le pulizie di casa, fai conversazione con le tue amiche.

Questi sono solo alcuni esempi, ma ci sono migliaia di modi nei quali puoi integrare le persone che desideri attrarre nella vita di tutti i giorni. Ricorda che tramite la Legge d'Attrazione l'Universo adegua la tua realtà al tipo di vibrazioni che stai emanando. Emanando le vibrazioni legate a una relazione, sentimentale o di amicizia che sia, molto spesso durante la giornata, farà si che più presto di quello che pensi quella relazione venga a fare parte del tuo mondo fisico. Quello su cui focalizzi l'attenzione ottieni.

La cosa buffa è che spesso ci vergogniamo o ci sentiamo sciocchi a dare troppo spazio alla fantasia e ai sogni a occhi aperti, ma in realtà la cosa veramente sbagliata e dannosa è non farlo. Lascia spazio alla fantasia e ai sogni il più spesso possibile, tutte le volte che ti fa piacere, e per più tempo possibile, naturalmente cercando di essere sempre molto dettagliato nei tuoi sogni a occhi aperti. Naturalmente nelle conversazioni immaginarie con il partner o con gli amici cerca di non litigare mai o, se lo fai, fa' in modo che comunque tutto finisca bene e che la conclusione sia comunque positiva. Cerca di ritagliarti il più spesso possibile dei momenti di evasione dalla realtà di ogni giorno, per immergerti nella realtà dei tuoi sogni. Ricorda sempre che quello su cui focalizzi l'attenzione si manifesta, quindi focalizzandoti sulla tua relazione sentimentale ideale, provando tutte le emozioni a essa legate, farai sì che nel momento giusto questa si manifesti nella tua realtà.

Ho chiamato questi esercizi "spontanei" e adesso ne capirai sicuramente meglio il motivo. Infatti vengono spontanei secondo lo stato d'animo in cui una persona si trova e, molto probabilmente, in una certa misura li stavi già facendo anche prima che te ne parlassi io. Ma magari ti trattenevi ritenendola una cosa sciocca e una perdita di tempo, non ti immergevi completamente nei tuoi sogni a occhi aperti. Adesso invece lasciati andare. Sogna a occhi aperti per tutto il tempo che ti fa piacere! Ti dà delle belle sensazioni, alza il tuo stato emozionale e fa sì che il tuo intento sia ancora più carico di energia. Ma, cosa più importante, così facendo stai affermando che tu stai vivendo una relazione soddisfacente e l'Universo, di conseguenza, deve far adeguare la realtà a queste vibrazioni che stai emanando, facendoti manifestare la relazione dei tuoi sogni nel mondo fisico.

SEGRETO n. 6: gli esercizi pratici possono essere distinti in esercizi "formali" ed esercizi "spontanei". Comincia con quelli formali e quando senti l'esigenza di cambiare passa a quelli spontanei.

Come stabilire una routine giornaliera

Non preoccuparti, non sto per dirti di meditare e visualizzare per ore e ore ogni giorno! Ma se veramente vuoi cambiare la tua vita, dovrai stabilire una tua personale routine giornaliera per mettere in pratica quello che abbiamo visto fino ad ora.

Una volta che avrai preso l'abitudine di praticare giornalmente diventerà una cosa quasi automatica, naturale direi. La parte più difficile, in effetti, è solo cominciare; siamo delle creature molto abitudinarie e può essere molto difficile adattarsi ad abitudini nuove, in modo particolare se richiedono un certo impegno, almeno all'inizio. Il mio consiglio, naturalmente, è quello di perseverare nonostante le difficoltà perché i risultati valgono decisamente la pena di un piccolo sforzo iniziale; del resto stiamo parlando della possibilità di manifestare i tuoi desideri, quindi credo che questo obiettivo valga decisamente un piccolo sforzo!

Ecco un esempio di una routine giornaliera ideale, quella che seguo anch'io. Ogni mattina, appena sveglia, prendo il quaderno su cui ho scritto le mie sceneggiature e le leggo. Mentre le leggo le visualizzo, e immagino che si siano già avverate con la fiducia assoluta che sono già sulla strada verso di me. Guardo anche le immagini che ho incollato sul quaderno, che rappresentano i miei desideri, nello stato d'animo, che siano già miei e facciano già parte del mio mondo.

Poi percorro mentalmente la giornata che sta per iniziare, dicendomi che sarà sicuramente una bellissima giornata piena di opportunità meravigliose. Se so che quel giorno dovrò fare qualcosa di particolarmente impegnativo, o che comunque mi preoccupa un po', immagino di farlo nel miglior modo possibile e con il massimo risultato. Lascio poi il tutto alla cura dell'Universo e cerco di non preoccuparmene più. Nel corso della giornata cerco sempre di trovare qualcosa da apprezzare, come ad esempio la prima tazza di caffè caldo o il profumo di fiori che si sente entrare dalla finestra. Ho la mia Vision Board ben visibile a casa e una versione "portatile" che porto sempre con me, così che nei momenti di pausa dal lavoro me la posso guardare provando un senso di eccitazione e gratitudine per tutte le cose che si stanno manifestando.

Alla fine della giornata scrivo sul diario della gratitudine esprimendo apprezzamento e ringraziando per le varie cose che mi sono accadute durante il giorno. Passo un altro po' di tempo rileggendo le mie intenzioni; le leggo accuratamente e le visualizzo come se fossero già realizzate. Cerco di immaginarle più minuziosamente possibile, provando le emozioni che proverei se fossero già mie. Mantengo poi queste emozioni il più a lungo possibile vive dentro di me.

Tutto questo richiede qualche minuto ogni giorno; naturalmente la tua routine deve essere adatta a te e alle tue abitudini di vita, ma come primo passo cerca di prendere l'impegno con te stesso di dedicare almeno cinque minuti la sera leggendo e visualizzando le tue intenzioni, e altrettanto la mattina leggendo le sceneggiature. Dopo qualche tempo potresti anche avvertire l'esigenza di cambiare le tue abitudini e devi farlo senza nessun problema, in definitiva devi fare tutto ciò che ti fa stare bene.

SEGRETO n. 7: cerca di stabilire una routine giornaliera adattandola alle tue esigenze e ritmi di vita. La parte più difficile è solo cominciare ma ti consiglio di perseverare, un piccolo sforzo iniziale vale la pena per i risultati che otterrai.

RIEPILOGO DEL CAPITOLO 2:

- SEGRETO n. 5: Il primo passo consiste nel definire il più dettagliatamente possibile le caratteristiche, non solo fisiche, che dovrà avere la nostra persona ideale. È importante, inoltre, definire le caratteristiche che vogliamo sviluppare e migliorare in noi stessi.
- SEGRETO n. 6: Gli esercizi pratici possono essere distinti in esercizi "formali" ed esercizi "spontanei". Comincia con quelli formali e quando senti l'esigenza di cambiare passa a quelli spontanei.
- SEGRETO n. 7: Cerca di stabilire una routine giornaliera adattandola alle tue esigenze e ritmi di vita. La parte più difficile è solo cominciare ma ti consiglio di perseverare, un piccolo sforzo iniziale vale la pena per i risultati che otterrai.

CAPITOLO 3:
Come evitare gli errori più comuni

Gli errori più comuni

Capita spesso che la Legge d'Attrazione non funzioni nel modo in cui vorremmo. Perché succede questo? Dopotutto se veramente è una legge universale e immutabile perché sembra funzionare solo alcune volte e altre no?

La risposta sta nella mente di chi la usa, che magari inconsapevolmente si sta auto-sabotando. Se la mente è ingolfata da tanta energia negativa non può rilasciare quelle vibrazioni positive in grado di attrarre le energie positive dell'Universo e, quindi, di manifestare i desideri, pur provandoci anche con molto sforzo. È necessario quindi liberarsi di tutta questa negatività prima di poter iniziare. Come in qualsiasi cosa nuova, ci vuole tempo e un minimo di sforzo e dedizione per imparare a utilizzare consapevolmente la Legge d'Attrazione.

Ci sono svariati fattori che possono far sì che la legge si comporti in modi inaspettati. Per fortuna la maggior parte degli errori che vengono commessi sono abbastanza comuni e quindi facili da identificare e correggere.

Credere che pensare positivo sia sufficiente per manifestare i desideri

Il pensiero positivo da solo non è sufficiente per usare consapevolmente la Legge d'Attrazione e il motivo principale sta nel fatto che pensare positivo coinvolge solo la mente conscia. Come sicuramente saprai, la mente lavora su due livelli, separati ma nello stesso tempo strettamente connessi fra loro. Da una parte troviamo la mente conscia, sulla quale ognuno di noi può esercitare un controllo diretto.

È possibile, infatti, decidere a che cosa pensare, cosa che a sua volta influisce sulle emozioni, sulle azioni che compiamo e in ultima analisi sui risultati. Molte persone spesso compiono l'errore di fermarsi a questo punto nel momento in cui vogliono realizzare un certo obiettivo.

Si focalizzano su di esso a livello cosciente, magari pensano che basti formulare qualche pensiero positivo e puntualmente falliscono. Utilizzare solo la mente conscia è come tentare di vincere una gara di corsa usando una gamba sola. È molto probabile che tu non arrivi da nessuna parte. È necessario considerare anche il nostro inconscio.

L'inconscio può essere paragonato al magazzino in cui sono depositate tutte le emozioni, le esperienze e le convinzioni che derivano dal passato di ognuno. Possiamo dire che l'inconscio è un po' la parte "emotiva" della nostra mente e influenza, in modo nascosto ma consistente, i nostri pensieri e comportamenti. È vero quello che abbiamo detto appena prima, ossia che i pensieri influiscono sulle emozioni, azioni e risultati, ma tutto il processo trae la sua vera origine dai "programmi" che sono stati installati a livello inconscio.

Gli esercizi di visualizzazione aiutano a sfruttare il potere della mente inconscia. Così facendo utilizzerai tutte e due le gambe per vincere la corsa verso l'obiettivo che ti sei posto. Come abbiamo appena visto, l'inconscio lavora a livello nascosto. Questa parte del cervello immagazzina tutta una serie di informazioni dalle esperienze che viviamo giorno dopo giorno. Immagazzina cose che senti dire, situazioni che sperimenti ed emozioni che provi. Sulla base di tutta questa mole di informazioni che raccoglie, costruisce le fondamenta di tutte le convinzioni più profonde e radicate.

Tutto quello che a livello inconscio credi sia vero lo vedrai manifestarsi nella tua vita. Ricorda sempre che i programmi inconsci sono il primo passo nella catena di eventi che conduce al risultato finale. Se assumi, quindi, il controllo di quello che viene immagazzinato dall'inconscio e lo riprogrammi, questo aiuta a realizzare gli obiettivi che desideri e la visualizzazione è uno strumento prezioso a tua disposizione.

Una cosa importante da ricordare è che la mente inconscia è influenzata principalmente dalle emozioni che ogni esperienza provoca. La differenza principale fra la mente conscia e quella inconscia è che la prima considera la realtà, i sogni e i ricordi come tre cose completamente diverse e separate fra loro mentre, dall'altra parte, l'inconscio non fa assolutamente nessuna differenza fra le tre. In altre parole, la risposta dal punto di vista emozionale a un ricordo è la stessa di quando l'evento avviene realmente. Più pensi a un determinato evento o circostanza, evocando le emozioni che questi ti hanno provocato, più programmi la tua mente inconscia.

SEGRETO n. 8: pensare positivo non basta, ma è necessario associare ai pensieri le emozioni tramite gli esercizi di visualizzazione, in modo da "riprogrammare" il nostro inconscio per la realizzazione dei nostri desideri.

Non rimuovere le convinzioni limitanti

Accade spesso che le persone vadano incontro a periodi di scoraggiamento e demotivazione in quanto non riescono a tenere sotto controllo i propri pensieri ed emozioni. Una delle obiezioni più frequenti che viene fatta alla Legge d'Attrazione è: «Perché nel mondo c'è così tanta sofferenza se le persone hanno il potere di determinare il corso della propria vita?» Quelle persone non hanno scelto consapevolmente di soffrire; ma purtroppo, spesso molte di queste persone non sono nemmeno lontanamente consapevoli di avere la possibilità di scegliere qualcosa di diverso. Questa sfiducia nella propria capacità di cambiare perché «è sempre stato così», equivale a dire che continueranno a vivere per sempre in quel modo. La loro mente inconscia continuerà a emanare questa sfiducia ed energia negativa sotto forma di vibrazioni nell'Universo, attirando altra negatività che farà sì che si continui a perpetuare lo stesso ciclo negativo di eventi.

Sono coloro che hanno avuto il coraggio di sognare e, soprattutto, di credere nei propri sogni, che hanno portato i più grandi cambiamenti nel mondo. Se Henry Ford non avesse veramente creduto nel fatto che l'uomo potesse guidare una macchina credi che il "Model T" sarebbe mai stato inventato? Se le donne avessero creduto di essere destinate a vivere per tutto il resto della loro vita sottomesse a mariti o padri/padroni, senza nessuna possibilità di scelta, credi che l'emancipazione femminile si sarebbe mai verificata?

La rimozione di convinzioni limitanti come quelle che abbiamo visto, è di vitale importanza perché la Legge d'Attrazione possa funzionare a dovere. Se senti veramente che la Legge d'Attrazione non sta funzionando a tuo favore, fermati un attimo e rivedi i desideri che hai espresso. Sei veramente convinto di poterli avere un giorno o una parte di te crede che sia impossibile? Dentro di te sei convinto di non meritarteli? Per emanare le vibrazioni positive che sono necessarie per manifestare quello che vuoi, è essenziale che tu sia fiducioso al 100% nella tua possibilità di cambiare e nel fatto che tutto quello che ti è successo fino a questo punto sia stato appositamente preordinato affinché gli eventi che desideri possano verificarsi.

Le convinzioni di ognuno di noi si formano nei nostri primissimi anni di vita e possono avere un'influenza grandissima sul modo in cui vediamo noi stessi e il nostro ruolo nell'ambito della comunità sociale di riferimento; con tutta probabilità ognuno ha delle convinzioni ben precise su se stesso, sulla propria vita sentimentale, su come sia come genitore, figlio, partner, convinzioni sugli uomini/donne, sul matrimonio e così via. Molte di queste convinzioni esistono a livello inconscio e potresti anche non essere consapevole della loro esistenza. Se il tuo intento, in questo caso la ricerca del partner ideale o comunque di un miglioramento delle relazioni affettive a qualsiasi livello, si pone in contrasto con qualcuna di queste convinzioni inconsce, inconsapevolmente emanerai nell'Universo delle vibrazioni tali da respingere il tuo desiderio, che non riuscirà mai a manifestarsi.

Qualsiasi sia la convinzione, senza dubbio riusciremo sempre a trovare una prova della sua veridicità in quanto la attrarremo! Se, ad esempio, sei convinto che il tuo destino sia di rimanere per sempre solo, rimarrai solo qualsiasi cosa tu faccia, cosa che non farà altro che rinforzare di volta in volta la tua convinzione. Se sei convinto di non essere abbastanza bello per poter avere un compagno/a, ogni tentativo di approccio con l'altro sesso sarà destinato a fallire e potresti anche trovarti a dire: «Vedi? Te l'avevo detto che non sono abbastanza bella/o per poter trovare un compagno/a».

Molte persone acquistano un libro sullo sviluppo personale dopo l'altro, nella convinzione che il prossimo sarà quello che cambierà la loro vita per sempre. Ma fino a quando ognuno di loro tratterrà con sé le proprie convinzioni limitanti, nessuno di quei libri funzionerà e niente cambierà. Per assurdo potrebbe succedere che a tutti venga data una possibilità di ricominciare da zero in campo affettivo e sì, magari all'inizio potrebbe esserci anche qualche miglioramento, ma nel giro di poche settimane ognuno ricadrebbe inevitabilmente nelle vecchie abitudini e nei vecchi circoli viziosi. Per far sì, quindi, che la Legge d'Attrazione possa funzionare a tuo favore, uno dei passi fondamentali da compiere è quello di identificare, prima, ed estirpare poi, ogni convinzione limitante.

Liberarsi di alcune convinzioni può essere abbastanza facile mentre, per quanto riguarda altre, il percorso potrebbe essere più difficoltoso. Addirittura potresti non essere nemmeno consapevole di averle. Se, ad esempio, il tuo desiderio è trovare un partner e credi di meritartelo ma, nel profondo dell'inconscio, sei convinto, ad esempio, che gli uomini siano tutti uguali, traditori e fedifraghi, in quanto te l'hanno insegnato anni fa i tuoi genitori, finirai per respingere il tuo desiderio piuttosto che attrarlo o, quantomeno, attrarrai partner che non ti saranno mai fedeli e che ti tradiranno in continuazione.

Un altro esempio potrebbe essere quello di una persona sola e senza amici che non riesce a crearsi una vita sociale soddisfacente nonostante le abbia provate di tutte. Forse qualcuno quando era piccolo gli ha inculcato in testa l'idea di essere troppo timido per fare nuove amicizie o, magari, ha subito un tradimento traumatico da parte del suo miglior amico che l'ha convinto che non ci sia da fidarsi mai di nessuno e che si stia meglio soli. Una volta acquisita la consapevolezza di queste convinzioni che gli impediscono di aprirsi a nuove persone potrebbe decidere, ad esempio, di intraprendere un percorso di analisi per rimuoverle.

Per alcune convinzioni può essere sufficiente, quindi, ripetere le affermazioni, mentre per altre potrebbe essere necessario l'aiuto di una persona esterna ed esperta nel campo, come uno psicologo. Prova a fare questo esercizio per ognuna delle aree di vita in cui desideri apportare dei cambiamenti. In questo corso stiamo, infatti, trattando il campo affettivo, ma si tratta di un processo che può essere applicato in qualsiasi area.

Leggi ad alta voce i tuoi intenti e prendi nota di ogni sentimento di resistenza che provi mentre lo fai. Ad esempio, mentre stai leggendo il tuo intento di trovare il partner ideale, provi sentimenti di ansia o di preoccupazione per qualche motivo? Se la tua intenzione non ti fa sentire bene ed entusiasta al 100% è molto probabile che tu abbia qualche convinzione pronta a intralciarti la strada se glielo permetti! Scrivi ogni convinzione che ti senti di avere o qualsiasi cosa ti ricordi ti abbiano detto i tuoi genitori. Ti hanno mai detto ad esempio: «Sei troppo timida», «Sei troppo grassa per poter avere un ragazzo», «Gli uomini sono tutti uguali, falsi, bugiardi e traditori», «Non meriti di essere felice», «Il sesso è una cosa sporca»? Scrivi tutto quello che ti viene in mente: molte persone sono rimaste sorprese di quello che hanno scoperto facendo questo esercizio.

Adesso prendi ognuna delle convinzioni che hai scritto e rovesciala scrivendo l'esatto opposto; per esempio la convinzione «Sei troppo timida» può diventare «Sono una persona socievole ed estroversa che fa amicizia con estrema facilità», «Non meriti di essere felice» può diventare «Sono una creatura meravigliosa, che merita tutta la felicità di questo mondo», «Gli uomini sono tutti uguali, falsi, bugiardi e traditori» può diventare «La maggior parte degli uomini sono onesti, sinceri e fedeli alla famiglia». Facciamo ancora qualche esempio di convinzioni limitanti girate al contrario:

- «Non sono destinato ad essere amato» diventa: «Sono destinato a un grande amore»;
- «Non sono abbastanza intelligente per poter sostenere una conversazione impegnativa con un partner» diventa: «Sono abbastanza intelligente per poter sostenere qualsiasi tipo di conversazione io decida»;
- «Non riuscirò mai a trovare il ragazzo giusto per me perché sono troppo grassa» diventa: «Io ho accanto a me un partner che mi ama e mi accetta esattamente così come sono ed io scelgo di acquisire delle abitudini alimentari più salutari e di avanzare verso il mio peso forma giorno dopo giorno».

Una volta riscritte al contrario tutte le varie convinzioni limitanti che sono emerse, hai a disposizione una nuova serie di affermazioni da leggere almeno due volte al giorno, meglio se a voce alta. È importante che mentre le leggi tu senta veramente il senso delle parole che stai pronunciando. Questo esercizio sarà di aiuto nel sostituire le vecchie convinzioni che ti limitano con altre nuove che, al contrario, ti aiuteranno nel processo di manifestazione dei desideri.

Credere di non meritarselo

Anche questo è un punto molto problematico per molte persone, ne abbiamo già parlato in generale nel paragrafo precedente, ma è opportuno prendere in considerazione separatamente questa specifica convinzione limitante. Anche se credono che la Legge d'Attrazione funzioni, hanno scritto i loro intenti, ed emanano vibrazioni positive nell'Universo, alcune persone nel profondo di se stessi sono convinti di non meritarsi di ricevere quello che stanno chiedendo.

Molto spesso credono, a livello inconscio, di non meritarsi di riuscire in una certa area della propria vita, nel nostro caso il campo delle relazioni affettive. Questi sentimenti vengono inviati inconsciamente nell'Universo e bloccano la manifestazione del desiderio nella propria esistenza.

L'Universo sta, infatti, facendo del suo meglio per farti avere quello che hai chiesto, ma la tua convinzione di non meritartelo lo respinge! Spesso non ci rendiamo nemmeno conto di emanare certi tipi di vibrazioni e, di conseguenza, quando vediamo che le persone giuste non si stanno manifestando nella nostra vita nonostante gli sforzi che facciamo, cominciamo come al solito a credere che la Legge di Attrazione non funzioni e, come abbiamo visto, con pensieri di questi tipo sicuramente sarà così!

Purtroppo, a livello sentimentale, molte persone credono di non meritarsi di essere amate, credono di essere destinate a rimanere sole per sempre e non si reputano degne di avere accanto le persone giuste. Nel momento in cui decidono di usare la Legge d'Attrazione per manifestare il partner o comunque la persona giusta, questo si pone in netto contrasto con quelle convinzioni e il proprio inconscio lavorerà in modo da bloccare la manifestazione di quel desiderio.

Come scoprire se stai bloccando a livello inconscio la manifestazione del tuo desiderio perché credi di non essere meritevole di amore e affetto? Se, in generale, soffri di una bassa autostima e se spesso ti ritrovi a pensare o dire cose del tipo: «Non ci riuscirò mai», «Quelli come me non meritano amore» o «Non sono abbastanza bella/o per essere amata/o» allora ci sono buone probabilità che tu stia inconsciamente bloccando la manifestazione dell'amore nella tua vita. Non disperare, potrebbe volerci un po' di lavoro su te stesso ma, come abbiamo visto anche prima, la mente inconscia può essere riprogrammata! Potrebbe essere necessario, prima di tutto, lavorare per aumentare la propria autostima e, a questo scopo, puoi trovare moltissimi libri e corsi che possono fare al caso tuo.

Per altre persone può essere sufficiente, invece, usare le affermazioni. Questo consiste principalmente nello scrivere una serie di frasi positive che poi leggerai varie volte al giorno, possibilmente a voce alta, come ad esempio: «Io merito amore», «Io amo me stesso» ecc.

Con le affermazioni puoi inviare dei messaggi molto potenti al tuo inconscio in modo da eliminare quei blocchi che al momento attuale ti stanno trattenendo e che fanno sì che i tuoi desideri ancora non si siano manifestati. Potrebbe essere anche utile riconsiderare le credenze che hai a proposito dell'amore e delle persone in genere. Quali sono le tue convinzioni in merito e da dove vengono? Ti sono utili? Se ti accorgi di no, scrivi alcune affermazioni che a poco a poco introdurranno nuove convinzioni. Molto probabilmente nello scoprire questi motivi che ti trattengono dall'ottenere quello che vuoi andrai a toccare le corde giuste dentro di te e, finalmente, avrai chiaro quello che ti ha impedito fino ad ora di manifestare nella tua vita persone giuste, nella consapevolezza che lavorando sulla rimozione di quegli ostacoli potrai ottenere ciò che hai sempre desiderato.

SEGRETO n. 9: perché la Legge d'Attrazione possa funzionare al meglio è essenziale rimuovere le varie convinzioni limitanti che ci portiamo dietro fin dall'infanzia, da soli con l'aiuto di varie tecniche o nei casi più problematici ricorrendo all'aiuto di esperti.

L'impazienza

Molte persone nell'usare la Legge d'Attrazione per la prima volta fanno l'errore di aspettarsi dei risultati istantanei. Vogliono attrarre l'anima gemella e vogliono che si materializzi subito qui e all'istante! Poi, quando ti accorgi che l'oggetto del tuo desiderio non da nessun segno di vita e la sua manifestazione non appare nemmeno all'orizzonte, cominci a scoraggiarti e a dubitare dell'intero processo. Ti scoraggi a tal punto da smettere addirittura e non provarci mai più.

Il problema è che quando sopraggiunge lo scoraggiamento e comincia a insinuarsi il dubbio che non funzioni, cominci a inviare delle vibrazioni negative nell'Universo. Come abbiamo detto all'inizio, la Legge d'Attrazione si basa sul principio per cui manifesti ciò su cui focalizzi l'attenzione e le conseguenti emozioni, quindi in questo modo non farai altro che attrarre nella tua vita nuove occasioni per rafforzare i tuoi dubbi e, in definitiva, i tuoi desideri non si manifesteranno mai. La Legge d'Attrazione funziona, ne sono fermamente convinta, ma secondo i suoi tempi, e da parte nostra la sola cosa opportuna da fare è avere fiducia che quello che abbiamo chiesto ci sarà dato, al momento giusto e nel luogo giusto.

D'altro canto potrebbero esserci anche delle ottime ragioni alla base del ritardo, magari aspettando un po' più di tempo l'Universo ti farà avere qualcosa di meglio rispetto a quello che avresti avuto subito. Continua, quindi, a praticare gli esercizi, quelli più formali e quelli spontanei, e liberati per quanto possibile da ogni sentimento di dubbio e incertezza. Afferma che la Legge d'Attrazione funziona senza ombra di dubbio e che tu stai manifestando il tuo intento. Abbi la fiducia più completa nel fatto che i tuoi desideri stanno arrivando. Se trovi troppa difficoltà nel fare quello che ti ho detto, prova a fare un "elenco della gratitudine". Scrivi tutto quello che hai nella vita e per il quale provi gratitudine.

All'inizio potresti pensare che non ci sia molto di cui essere grati, ma cerca di scrivere tutto quello che ti viene in mente, da una famiglia amorevole a una casa confortevole, anche la capacità di leggere questo libro merita gratitudine. Questo esercizio è particolarmente potente se lo fai ogni sera. Leggi la tua lista, senti la gratitudine e rilascia questo sentimento nell'Universo. Sicuramente riceverai presto nuove occasioni per cui provare gratitudine e supererai quei sentimenti di scoraggiamento e delusione.

Determinare prima del tempo come e quando attrarrai quello che desideri

Lascia che l'Universo faccia quello che deve! È possibile essere così focalizzati sull'evento che sta per accadere, di averne già preventivato tutte le modalità, tanto da non accorgersi che si sta verificando effettivamente, perché magari qualche piccolo particolare è diverso da come te lo eri immaginato. Come dicevamo prima, l'Universo sceglierà il tempo e il luogo in cui ciascuna cosa si verificherà e, addirittura, le cose potrebbero verificarsi in modi inusuali e del tutto inaspettati. Pianificare esattamente come appariranno nella tua vita il partner ideale o gli amici che hai sempre desiderato, significa limitare le possibilità dell'Universo sul come manifestare. Se, ad esempio, vuoi a tutti i costi che un'altra persona si innamori di te, questo si pone in conflitto con la Legge dell'Attrazione, dato che non è possibile manifestare un desiderio cercando di manipolare un'altra persona a fare qualcosa, compreso anche l'innamorarsi.

Un'altra cosa di cui essere consapevole è che, cercare di pianificare tutto nei minimi dettagli, equivale in qualche modo a dire che non hai fiducia nella capacità della Legge dell'Attrazione di farti avere quello che hai chiesto, al posto e nel momento più giusti per te. Stabilendo dei tempi precisi entro i quali devono avvenire certi eventi, molto probabilmente arriverai a perdere fiducia nella Legge d'Attrazione (in fin dei conti non ti ha fatto avere quello che desideravi, no?), e questo a sua volta farà sì che il tuo inconscio emani vibrazioni negative che respingeranno tutto quello che di positivo poteva entrare nella tua vita.

SEGRETO n. 10: l'impazienza, l'aver pianificato in anticipo come e quando dovrà manifestarsi il desiderio non fanno altro che alimentare dubbi e sfiducia nella Legge d'Attrazione, quindi vibrazioni negative che respingeranno la manifestazione del desiderio stesso.

Non assumersi la responsabilità

Per trarre il massimo beneficio da un uso consapevole della Legge dell'Attrazione è necessario che tu acquisisca la piena consapevolezza che quello che vedi fare parte della tua vita al momento, è il risultato di ciò che tu stesso hai attratto fino a questo momento; è importante essere pienamente consapevoli che tutto quello che è successo in passato nella tua vita, così come quello che succederà in futuro, dipende da te. Che tu abbia sperimentato successi o fallimenti questi sono stati attratti dalle vibrazioni che tu stesso hai emanato nell'Universo.

È facile guardare agli eventi e pensare: «Sicuramente non sono stato io che volevo che accadesse; la Legge d'Attrazione è una bufala, io non avrei mai potuto desiderare una cosa del genere». Come abbiamo visto nei capitoli precedenti, non sempre quello che desideri coscientemente è quello che proietti a livello inconscio.

SEGRETO n. 11: è di importanza fondamentale acquisire la consapevolezza che tutto quello che ha fatto, fa e farà parte della tua vita dipende completamente da te.

Lasciare andare il risentimento

Se provi risentimento e invidia nei confronti degli altri perché loro hanno quello che tu vorresti e che ancora non hai ottenuto, sarà molto difficile che tu riesca ad attrarre quello che vuoi, visto che sentimenti di questo genere sono depotenzianti e ti fanno emanare vibrazioni di basso livello non coincidenti con la manifestazione dei tuoi desideri. Ti sarà capitato sicuramente di aver visto persone felicemente innamorate, con delle famiglie stupende e piene di amici che gli vogliono bene e aver pensato: «Non è giusto! Loro hanno tutto e io nulla!»

Sfortunatamente pensieri di questo tipo provengono da una mente orientata alla scarsità e, invece di aiutarti ad attrarre le persone giuste nella tua vita, te le fanno respingere.

Se ti capita, quindi, di vedere qualcuno che ha già ciò che vorresti manifestare non provare invidia perché lui ce l'ha e tu no. Al contrario fai un bel sorriso pensando che sicuramente quella persona si è meritata di avere tutto ciò e che altrettanto sicuramente ne è molto felice. Ricordati che c'è sempre abbastanza amore e benessere per tutti e il fatto che ce l'abbia quella persona non significa affatto che anche tu non possa averlo. Ricorda sempre che la realizzazione del tuo desiderio è in corso e presto arriverà anche per te. Prova gratitudine per questo.

Facciamo un esempio. Poniamo che passeggiando tu veda una coppietta di persone innamorate che si scambiano coccole e tenerezze, che si baciano, si abbracciano e camminano tenendosi per mano. Se non hai al tuo fianco la persona giusta per te e la stai ancora cercando, potrebbe venirti spontanea un po' di invidia e gelosia: «Guarda come stanno bene insieme, beati loro. La voglio anch'io una storia così! Perché a loro sì e a me no? Non è giusto!»

Immagina, però, di essere felicemente fidanzato e che il tuo partner sia via per motivi di lavoro e che tu stia semplicemente aspettando il suo ritorno a casa, che avverrà fra tre giorni esatti. Non saresti geloso no? Non ce ne sarebbe bisogno, fra pochi giorni anche il tuo partner sarà lì con te! Anzi, vedere una coppietta felicemente innamorata dovrebbe farti sentire un piacevole senso di eccitazione perché ti fa venire in mente e pregustare la gioia che proverai quando il tuo amore finalmente ritornerà a casa. Molto probabilmente, vedendoli passeggiare per strada proveresti un tuffo al cuore pensando al tuo partner che sta per tornare e, magari, saresti tentato di fare loro un cenno di saluto o un sorriso! Ti rendi conto della differenza fra i due atteggiamenti?

SEGRETO n. 12: sentimenti di invidia e risentimento provengono da una mente orientata alla scarsità e comportano l'emanazione di vibrazioni negative che respingeranno, invece di attrarre, le persone giuste.

RIEPILOGO DEL CAPITOLO 3:

- SEGRETO n. 8: Pensare positivo non basta, ma è necessario associare ai pensieri le emozioni tramite gli esercizi di visualizzazione, in modo da "riprogrammare" il nostro inconscio per la realizzazione dei nostri desideri.
- SEGRETO n. 9: Perché la Legge d'Attrazione possa funzionare al meglio è essenziale rimuovere le varie convinzioni limitanti che ci portiamo dietro fin dall'infanzia, da soli con l'aiuto di varie tecniche o, nei casi più problematici, ricorrendo all'aiuto di esperti.
- SEGRETO n. 10: L'impazienza, l'aver pianificato in anticipo come e quando dovrà manifestarsi il desiderio non fanno altro che alimentare dubbi e sfiducia nella Legge d'Attrazione, quindi vibrazioni negative che respingeranno la manifestazione del desiderio stesso.
- SEGRETO n. 11: È di importanza fondamentale acquisire la consapevolezza che tutto quello che ha fatto, fa e farà parte della tua vita dipende completamente da te.

- SEGRETO n. 12: Sentimenti di invidia e risentimento provengono da una mente orientata alla scarsità e comportano l'emanazione di vibrazioni negative che respingeranno, invece di attrarre, le persone giuste.

Conclusione

Abbiamo visto gli esercizi da fare per inviare la nostra richiesta all'Universo e i passi da seguire per manifestarla, adesso è molto importante che tu sia pronto a cogliere i segnali che questo ti invierà nella vita di tutti i giorni. Al momento le persone ideali sono ancora dietro le quinte della tua vita, ma presto stai sicuro che saliranno sul palcoscenico da veri e propri attori protagonisti. Stai quindi pronto per accoglierli quando arriveranno!

Sai, quindi, che la persona ideale prima o poi si manifesterà nella tua vita, ma non sai esattamente come, dove e quando. E non sai nemmeno come sarà fisicamente. È la parte più divertente di tutto il percorso secondo me. Aspettati la sorpresa perché, quando la persona giusta finalmente apparirà nella tua vita, prenderà subito un posto di primo piano. Ti guarderai indietro e ricorderai il periodo della tua vita prima di incontrarlo quasi come se fosse un'altra vita. Quando trovi l'anima gemella, il mondo intero e la vita in se stessa acquistano un colore diverso, le difficoltà diventano semplicemente degli ostacoli da superare, niente sembra insormontabile. Lo stesso vale se si hanno accanto degli amici sinceri e fidati.

La cosa importante, adesso, è cominciare a prestare più attenzione alle persone che ti circondano, specialmente alle persone che non fanno parte della tua quotidianità. Potrebbe trattarsi ad esempio di un nuovo collega in ufficio, o anche molto più semplicemente qualcuno che conosci mentre stai facendo la fila alle poste.

Potresti incontrare una persona mai vista prima per tre o quattro volte di seguito nell'arco di poco tempo. Di solito ti vengono date varie opportunità di stabilire un contatto, una volta attratta una persona questa continuerà a saltare fuori in un modo o nell'altro. Ed ecco qualche indizio per capire se si tratta veramente della persona che stavi cercando: lo guardi negli occhi e provi delle emozioni strane, mai provate prima, qualcosa di familiare, potresti anche arrivare a pensare di aver già conosciuto quella persona e, magari, non ricordarti dove e come, o comunque, per qualche strana ragione, la trovi incredibilmente più interessante di qualsiasi altra persona che si trovi nei dintorni. Come se emergesse dalla folla. Ti sembrerà di conoscerla da sempre. Sono le anime che si riconoscono. Si tratta dell'incontro di due anime che si conoscono da milioni di anni, ma che nelle vesti di esseri umani si incontrano solo in questo momento.

Ti sentirai attratto in modo inspiegabile da questa persona, e per lui/lei sarà lo stesso. Potrebbe capitarvi, ad esempio, di guardarvi reciprocamente negli occhi più e più volte in poco tempo. O magari entra nell'ascensore insieme a te, vi guardate per un attimo e senti subito una strana sensazione di calore espandersi per tutto il corpo. Guarda, in modo particolare, le sensazioni che senti a livello del cuore e del plesso solare, l'energia del tuo corpo ti darà degli indizi chiari sul fatto che si tratti della persona che volevi manifestare.

Ad ogni modo, nel momento in cui stabilisci un contatto, qualsiasi esso sia, questo ti farà sentire bene e al sicuro. E lo stesso sarà, naturalmente, per l'altra persona. Con quella persona scatterà qualcosa fin da subito. Ci sarà un'attrazione reciproca inevitabile, come se si trattasse dei due poli opposti di una calamita. Stringere amicizia sarà questione di un attimo, proprio come se vi conosceste da anni. Come dicevo prima, quel senso di connessione profonda è l'essenziale. Se non lo senti, ed è inconfondibile, non si tratta della persona giusta. Lo saprai con certezza quando sarà quello giusto e non avrai nemmeno un dubbio.

Un'altra cosa molto bella è che ti verrà del tutto naturale e spontaneo essere te stesso con questa persona. Ti verrà quasi impossibile recitare e cercare di apparire una persona diversa da quello che sei. Con la persona giusta verrà alla luce il lato più genuino di te, la tua vera personalità. Potresti anche rimanerne sorpreso! Verrà fuori il tuo vero io, il tuo io ideale di cui parlavamo nei capitoli precedenti e, anche per l'altra persona, sarà la stessa cosa.

Una volta "rotto il ghiaccio" e superati i primi approcci e appuntamenti, ti sembrerà di avere con questa persona la relazione più facile e rilassante che tu abbia mai sperimentato, che si tratti di amore o di amicizia. State bene insieme e tutto procede per il meglio. Tutto fra voi sembra combinarsi perfettamente. Se ormai vi frequentate da un po' di tempo, abbastanza perché ci sia stata occasione per qualche litigio, ti sarai reso conto che anche nelle discussioni più accese c'è sempre un fondo di rispetto e amore reciproco. Ti sembra così facile e naturale andare d'accordo e stare al fianco di quella persona. Ti viene da domandarti come hai potuto vivere fino ad ora senza di lui/lei.

Il risultato del lavoro fatto fino ad ora per attrarre nella tua vita le persone ideali è stato proprio quello di attrarre le persone giuste, ovviamente! Ti sentirai a casa come non ti sei sentito mai prima. Ti sentirai a tuo agio, sereno e felice. Avrai fiducia, ti sentirai amato e quel senso di vuoto doloroso che c'era prima sparirà per sempre. Ti sembrerà così distante che alla fine non ti ricorderai nemmeno che cosa significa essere e sentirsi soli e abbandonati.

Ora è il momento di goderti la tua nuova relazione. Ricorda di non dare mai il tuo partner o i tuoi amici per scontati! Impegnati a ricordare il più spesso possibile che grandissimo regalo sia lui/lei per te. Cerca tutte le occasioni per farlo sentire la persona più speciale del mondo, perché lo è! Amalo con tutto il tuo cuore e sii sempre grato per il suo amore per te. Non c'è niente di più bello al mondo che amare ed essere riamati. Prova una immensa gratitudine per questo dono che la vita ti ha fatto. Questo periodo della tua vita porta in sé una grande potenza, la Legge dell'Attrazione sta lavorando per te e questa è una delle esperienze più belle e positive che una persona possa fare nella vita. Il momento particolarmente favorevole può essere considerato come un trampolino di lancio per continuare ad attrarre cose positive e realizzare anche altri desideri.

Se vi capita di litigare o se succede qualcosa che ti da fastidio, non indugiare troppo sul negativo. Prima di tutto, pensa ai motivi che ti hanno fatto innamorare di quella persona. Ricorda il vostro primo incontro e i vostri primi appuntamenti. Impegnati sempre a lasciare andare il prima possibile il negativo e a dare sempre più importanza a tutte le cose positive che la vostra relazione vi porta.

www.ingramcontent.com/pod-product-compliance
Ingram Content Group UK Ltd.
Pitfield, Milton Keynes, MK11 3LW, UK
UKHW022014190726
13853UKWH00005B/1926